Lo'ops Lugaganowals

T'amis Lugaganowals (Trudy Spiller)

K'ay hlgu ts'uusxs Lugaganowals, iit sil jo<u>k</u>shl gasdik'eekwst, t<u>x</u>alpxdulhl gabihl haana<u>k</u>', ii gwilunhl ii'wxwt.

Sil jo<u>g</u>os nits'iits'diit 'nidiit, no<u>x</u>diit <u>g</u>ant nigwootdiit.

Jo<u>k</u> 'nidiit <u>g</u>a'ahl <u>g</u>alts'ep andulbinhl s<u>g</u>a'nist, Sdiky'oodin.

Mehla k'i'yhl a<u>x</u>xw, ii sagayt goots dip Lugaganowals ganhl gasdik'eekwst ga'a win t'aas nits'iits'diit ii na<u>x</u>'nisxwdiit ehl ant'imehlasxws nits'iits'diit.

'Wii t'ishl wilaayis nits'iits' Lugaganowals. Ant'imehlasxw hooyit dim gwelx yee'nhl wila dildils G̲aniye'etxu'm ganhl G̲anits'iits'xu'm. 'Nit tun dimt wila amgootdiit.

Ant'imehlasxw dip siwedit.

Yel ist ts'iits' yukwhl mehlasxwst. Hla x̱st'e'ehl is, ii en'unhl hooyit hla ginhl mehla ky'uult loo'm. Ekste!

Mehlasxw ts'iits's Lugaganowals iit hooxhl hla lo'obidihl ha'niijok, yukw dim gyeks wila dildilsdiit.

Ii het ehl t'ihlxw nde win luu gitxwhl goodin ii ji hlaa a'laxan dim hooyisi'mhl lo'op yukw dim am dim wila hesi'm.

Sim hogya̲xam nax̲'nisxwt Lugaganowals.

Nde win sa'ap yeen, ii ji ma gya'ahl lo'op, sisgi ga̱n wilt, dim haldim guudin. Ii tun hehl nits'iits' Luga̱ga̱nowals,

"Dim sim gidi da̱xyukwdinhl lo'op, ii dim mehlihl win luu gitxwhl goodin loot."

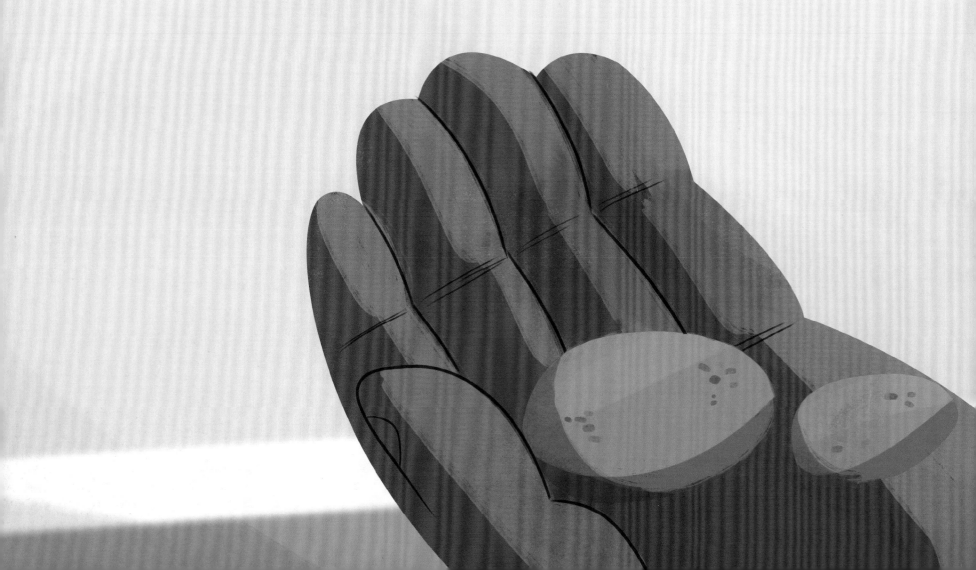

Ja hlaa saa yeehl hehl goodin, ii luu gwentxw dimin gukws mag̱ahl lo'op ga'ahl nde min heldim guut,

lax̱ ha'niijoḵ – sawetdi'm ehl noho'm.

Belgi nax̱'niyis 'nits'iits'hl dildelhl alame ts'im wilp. Yukwhl min hedis dip Lugag̱anowals g̱anhl hlgu sdik'eekwst.

Yukwhl gun laseekwst ii a'lax̱s Lugag̱anowals.

Ḵay needii wiiyitxws Lugaganowals, mehldit es nits'iits't dim ḵ'a sa'ap yeet.

Hixhooyithl ts'a'waxst ii yeet ga'ahl spagayt gan.

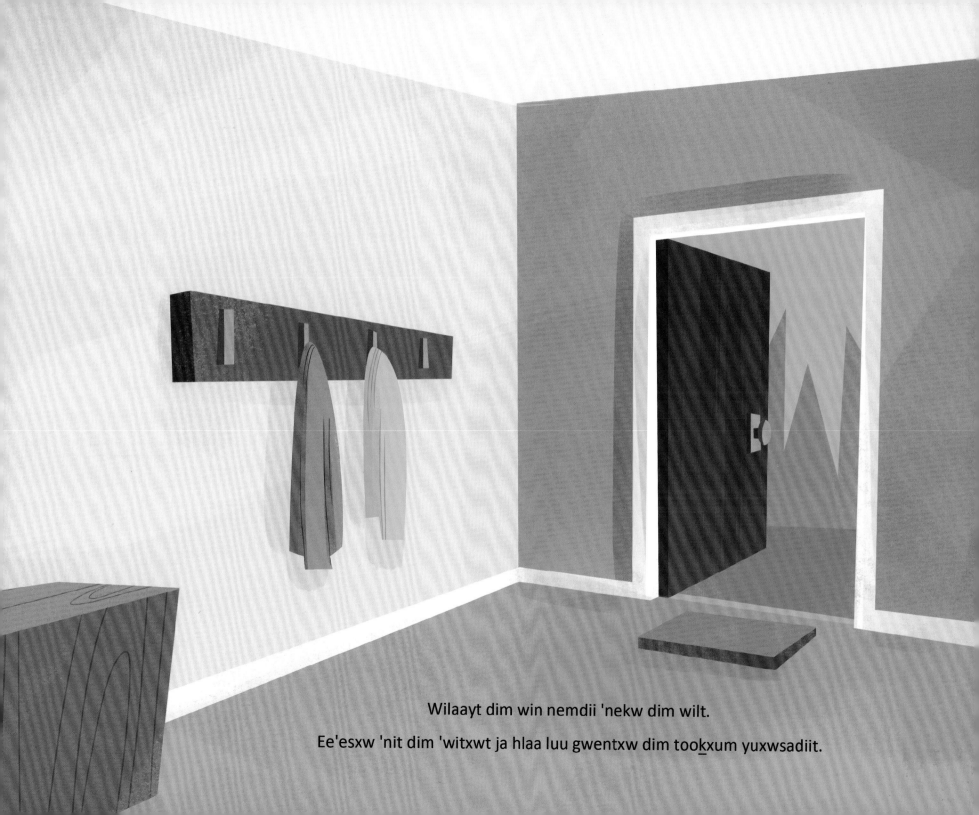

Wilaayt dim win nemdii 'nekw dim wilt.

Ee'esxw 'nit dim 'witxwt ja hlaa luu gwentxw dim tookxum yuxwsadiit.

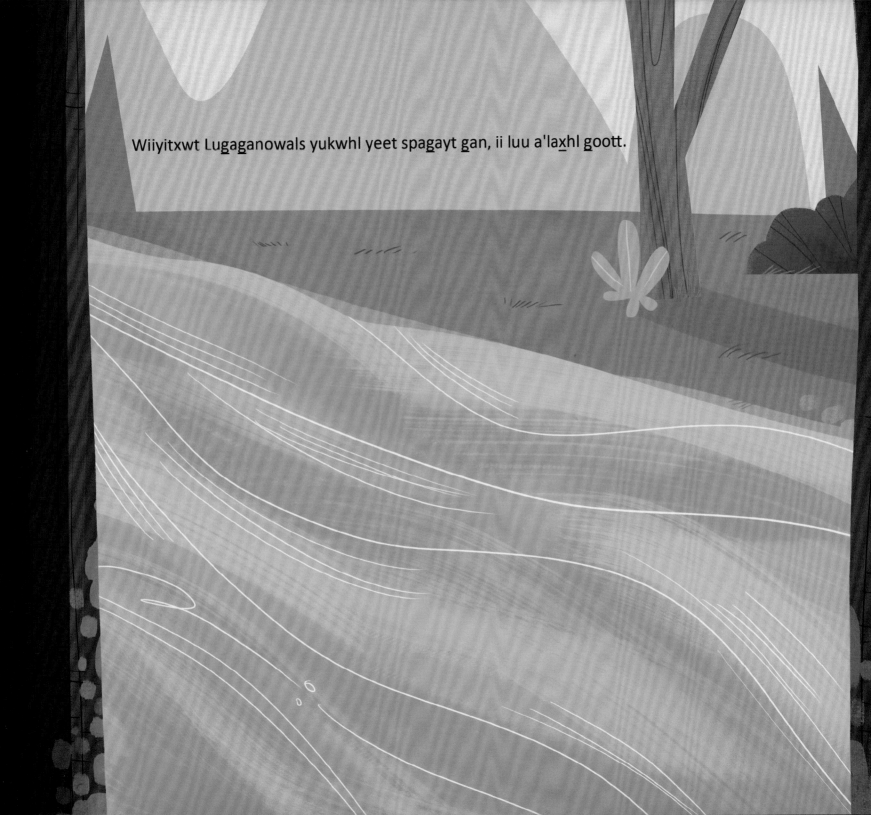

Wiiyitxwt Lugaganowals yukwhl yeet spagayt gan, ii luu a'la<u>x</u>hl goott.

Ḵ'ali yuwithl Ksen. Gidi hitxw 'nit win doxhl hildithl lo'op.

Gukws am goodithl hehl mehlasxws nits'iits't wila
wihl ha'niijok ganhl lo'op.
Gya'athl k'i'yhl lo'op, t'aabeekxw,
sim luu aajaxxwit ts'im en'unt.

Aatxyist Lugaganowals ap sgidimt haldim guuhl lo'op tun.

Am goodis Lugaganowalshl hehl mehlasxws nits'iits't.

Dim gi'naminhl hla a'la<u>x</u>t ganhl gan gitxum <u>g</u>oot ehl lo'op tun.

Sim gidi da<u>x</u>yukwdis Lugaganowalshl lo'op iit didel<u>k</u>t 'nekwhl het, ii neediit t'il<u>x</u>ootxwhl endephlsa.

Hlaa t'ip daa'whl hlo<u>x</u>s, wilaayis Luga<u>g</u>anowals hlaa sgidim ha'wit.

Luu ma<u>k</u>dithl lo'op ts'im andawoot't wila nemdiit kw'oodint.

Aatxit win hlaa amhl het.

Sim gi'ytxwit win hlaa t'ip daa'whl hlox̱s win 'witxwtt ga'ahl go'odiit.

Yukwhl gibee'esxwhl g̱asdik'eekwst, yukw dim tooḵxwdiit.

Mehla k'i'yhl sa iit daxyugwis
Lugaganowalshl lo'op lap ligi nde win k'uxw yeet.

Nde wint aatx win hlaa loobagayt hehl goott.

Iit ksi guuhl lo'op iit didelkt.

Mehldit ehl lo'op win min hetdiit g̱anhl sdik'eekwt.

Nde wint g̱anla didel̲k lo'op iit amhl het.

T'ooyaxsis Lugaganowalshl lo'op ganhl ha'niijok, sawetdi'm ehl noho'm.

Aatxit win hlaa amhl het. Am goodihl mehlasxws nits'iits't,

dim gukws makdithl lo'op ga'a wint 'wet.

Mehldit es nits'iits't dim hox haksim hox sa'ap yeet.

Yeet Lugaganowals sdo'oks ksen, 'nekw win amhl hehl goott gyuu'n.

Gukws makdithl lo'op ga'ahl nde wint hii 'wet.

Hugwilii sgiyithl lo'op ga'ahl wint hii 'wet.

Gukws gi'namithl ehl ha'niijo<u>k</u>, sawetdi'm ehl noho'm.

Hlamooyihl lo'op 'nit dim gyekshl <u>g</u>oott.

T'ooyax̱sithl lo'op ganhl ha'niijoḵ – sawetdi'm ehl noho'm win hlamoot dim wila am dim het.

Siwilaaksdihl ha'niijo<u>k</u> — sawetdi'm ehl noho'm 'nit. Dim wilaay dim wilt nde win loobaga<u>y</u>t hehl <u>goott</u>.

Dim gi'namit ehl lo'op dim iit hlo'odihl ha'niijo<u>k</u> — sawetdi'm ehl noho'm.

Hlaa luuyeltxws Lugaganowals ga'ahl go'odiit, mehldit es nits'iits' gay wilt.

Hooyithl lo'op dim ksi magahl an luu gitxum goot ganhl an a'lax̱.

Sim luude'emdis nits'iits' 'nit wint luuyuxw hehl ant'imehlasxwt.

Ii het, "Ap 'niin ant dax̱yugwihl gan 'wiix̱oo'osxw."

Ii sa tun, hooxdii t'aat Lugaganowals hooyithl ant'imehlasxw.

Nde win luu gitxwhl goott ii ja ligi a'laxt, 'weyithl lo'op iit mehlihl hehl goott ganhl agu ant si'a'laxt.

Siwilaaksdithl gaguxdak'insxwt, 'nit dim hoxdii wildiit. Dim amgoodisi'm ant'imehlasxws Lugaganowals.

Ja k'i'yhl sa, 'nidiit dim ant daxyugwihl ant'imehlasxw.

Nde win luu gitxwhl goodin ii ja ligi a'laxan, dim gigi'yinhl lo'op ga'ahl lap ligi nde win uxw yin.

Wilaayisi'mhl ant'imehlasxws Lugaganowals gyuu'n. Hoxdii daxyukwdinhl ant'imehlasxw. Nde win luu gitxwhl goodin ii ja ligi a'alaxan, dim gigi'yinhl lo'op ga'ahl lap ligi nde win yin.

Ndemin aatx hehl lo'op, didel<u>k</u>. Da<u>x</u>yukwdin,
dim mehldinhl hehl goodin loot.
Ja hlaa amhl hen, dim gukws ma<u>k</u>dinhl
lo'op <u>g</u>a'ahl ndemin 'wet la<u>x</u>
ha'niijo<u>k</u> – sawetdi'm ehl noho'm.

Hilthl ama gandidils gi'namihl ha'niijok loo'm, dim gigi'yin, dim nax'nisxwin.

Dim gya'anhl gasgoohl gan'amgoogit win joga'm.

Gabiit

Sim'algyax - Gitxsan Words

ant'imehlasxw - story

Ts'iits' - grandmother

is - soapberries

lo'op - Rock/Stone

Ksi Yeen - Skeena River

gasdikeekws - siblings

ha'niijok - sawetdi'm ehl noho'm - The Earth we call our Mother

goot - heart

dildils - life

a'lax - to feel angry

dim nax'nisxwin - you will listen

dim gigi'yin - you will look for

dim gya'an - you will see

daxyukwdinhl ant'imehlasxw - you are the knowledge keeper